我的  感觉

畅 销 世 界 的 儿 童 情 感 教 育 绘 本

我好担心

when I feel worried

[美]科尼莉亚·莫德·斯佩尔曼 著　　[美]凯西·帕金森 绘　　朱思霖 译

电子工业出版社

Publishing House of Electronics Industry

北京·BEIJING

WHEN I FEEL WORRIED

by Cornelia Maude Spelman and illustrated by Kathy Parkinson

Text copyright © 2013 by Cornelia Maude Spelman

Illustrations copyright © 2013 by Kathy Parkinson

Published by arrangement with Albert Whitman & Company

through Bardon-Chinese Media Agency

Simplified Chinese translation copyright © 2015

by Publishing House of Electronics Industry

ALL RIGHTS RESERVED.

版权贸易合同登记号　图字：01-2015-5953

图书在版编目（CIP）数据

我的感觉. 我好担心：汉英对照 /（美）斯佩尔曼(Spelman,C.M.) 著 ;（美) 帕金森 (Parkinson,K.) 绘 ; 朱思霖译.

北京 : 电子工业出版社, 2016.2

ISBN 978-7-121-27364-3

Ⅰ. ①我… Ⅱ. ①斯… ②帕… ③朱… Ⅲ. ①儿童文学－图画故事－美国－现代 Ⅳ. ①I712.85

中国版本图书馆CIP数据核字(2015)第239214号

策划编辑：朱思霖
责任编辑：徐艳丽　朱思霖
印　　刷：北京盛通印刷股份有限公司
装　　订：北京盛通印刷股份有限公司
出版发行：电子工业出版社
　　　　　北京市海淀区万寿路 173 信箱　邮编：100036
开　　本：889×1194 1/16　印张：14　　字数：224 千字
版　　次：2016 年 2 月第 1 版
印　　次：2016 年 4 月第 2 次印刷
定　　价：96.00 元（全套 8 册）

凡所购买电子工业出版社图书有缺损问题，请向购买书店调换。若书店售缺，请与本社发行部联系，联系及邮购电话：（010）88254888。

质量投诉请发邮件至 zlts@phei.com.cn，盗版侵权举报请发邮件至 dbqq@phei.com.cn。

服务热线：（010）88258888。

序 言（一）
——父母、老师和孩子共学管理情绪

《我的感觉》是一套有用、有趣和有内涵的情绪教育丛书。

日常生活中，孩子们经常会出现一些情绪上的困扰，如不开心、哭泣、发脾气和孤独等。他们不会向大人诉说自己的情绪，更无法自己化解。因此，作为家长和老师，我们要知道如何有效帮助孩子摆脱这些不良的情绪，培育他们愉悦、向上、与人相和的积极情绪。

这套丛书汇集了孩子经常出现的八种情绪——想念亲人、难过、害怕、生气、嫉妒、自信、关心他人和担心。作者逐一将孩子这些难解的情绪放在寻常生活情景中，用图画和简单的文字展现出各种情绪的表现特征及相应的处理方式，使孩子形象地掌握调理自己情绪的可行办法。

在《我好害怕》中，告诉成人，在新的环境中，孩子常常会有害怕的情绪，成人要关注他（她）的这些情绪，使他（她）明白谁都会经历这种感觉，无须害怕；同时，大人要陪在孩子身边，帮助他（她）克服这种情绪，树立自信心。

在《我好难过》中，告诉成人，首先要教育孩子难过是不可避免的情绪；其次，要跟他（她）在一起，听他（她）倾诉原委，并让孩子知道他（她）不会一直难过下去。

在《我觉得自己很棒》中，告诉成人，要尊重孩子与生俱来的特质，并懂得每个孩子都是独一无二的；要帮助孩子了解大家都不一样，自己也是很棒的。

在《我好嫉妒》中，告诉成人，当孩子发生嫉妒情绪时，要让他（她）向信任的人诉说出来；并告诉孩子，每个人都有自己的优点，不要去伤害别人。

在《我好生气》中，告诉成人，要让孩子学会控制自己的怒气。书中向孩子提供了控制怒气的技巧和方法，即成人就是孩子最好的榜样。

在《我会关心别人》中，告诉成人，要让孩子感受到自己被关心的感觉，然后让他（她）想想，当一件事情发生时，别人会有什么样的感觉，从而懂得自己不愿做的事情，也不要勉强别人去做。

在《我想念你》中，提供了种种孩子可做的事情，以用来消解孩子因思念亲人而产生的分离焦虑情绪。

在《我好担心》中，告诉成人，当担心情绪发生时，要让孩子保持安心，并将注意力转移到周围那些美好的事物上，用积极的方式，帮自己重返平静的状态。

从小培养孩子管理情绪的良好习性，有助于孩子健全人格的形成，将使其受用一生。

本书是写给孩子们看的，但对大人也极有帮助。从书中，大人们可以反省自身，正确把握对待孩子的方式。所以，该书家长和老师都值得一读，或者与孩子共读。

——梁志燊

北京师范大学教育学院教授

中国老教授协会儿童早期教育专业委员会主任

序 言（二）
——写给家长和老师的话

　　每个人都会为一些事情感到担心。孩子们也是这样。人们所担心的事情，一定程度上会因各自年龄的差异而有所不同。但是，也有相同的地方。比如，到底发生了什么事情？会有人帮助我吗？我能做好这件事吗？我的行为会不会产生什么不好的影响？

　　如何才能让孩子很好地解决那些他们生活中所遇到的问题呢？与往常一样，我们需要从自身做起。我们需要采取一些办法，通过这些办法让自己重新获得活力与平静。我们可以将这些方法传授给我们的孩子们。开心地笑、与宠物玩耍、运动、歌唱、阅读、接触大自然、观看艺术展览，当然，还有那些有趣的电影和电视节目，这些都能够平复我们担忧的情绪。

　　我们还可以培养留意周围那些美好事物的习惯。的确，一天二十四小时里总会有一些坏消息；不过，一天之中也会有很多事情可以作为我们生活的范例和动力，比如互帮互助、恢复健康、负责任的决定，还有那些为改善世界所做出的努力，多将注意力放在这些事情上。

　　当担心这种情绪侵入我们的生活时，我们要让孩子们安心，理解他们的这种情绪，并对他们能够处理好这些挑战抱有足够的信心。最重要的是，我们可以向孩子们展示，如何用生活中那些积极的元素，帮自己重返一个平静的状态。

——科尼莉亚·莫德·斯佩尔曼

有时候，我好担心。

Sometimes I feel worried.

我好担心，当我不知道发生了什么事情的时候；

I feel worried when I'm not sure what's happening.

8

或者，有人在争吵、喊叫的时候。

If someone fights or yells, I feel worried.

有时候，当我要去做一些以前从没有做过的事情，我好担心。

Sometimes when I am going to do something
I've never done before, I feel worried.

我好担心，如果有人因为我而不开心。

And I feel worried if someone is upset with me.

担心是一种让人颤抖的、
无力的感觉。

**Worry is a wobbly,
weak feeling.**

担心的时候，
我的小肚子会疼。

**When I feel worried,
my tummy might hurt.**

我不喜欢这种感觉。

**I don't like
feeling worried.**

我想让担心赶快走开！

**I want the worry
to go away!**

但是，每个人都会有担心的时候。

But everyone feels worried sometimes.

担心的时候，我可以向别人说出来。

When I feel worried, I can tell someone I'm worried.

有人能够帮助我。

他们会听我说话，或者告诉我发生了什么。

Someone helps me with my worry.

Someone listens to me or explains what's happening.

我可以让别人抱抱我，这样能让我好很多。

Someone holds me.

It helps to have someone hold me.

我可以聊些开心的事情。

We talk about good things.

给喜欢的东西画张画，
或者讲讲关于它们的小故事。

I can make a picture or tell a story about things I like that make me happy.

我可以听听音乐、唱唱歌。

音乐和歌唱会让我感觉好很多。

We can listen to music or sing.

Music and singing help me feel better.

我还可以奔跑、跳跃和舞蹈。

I can run and jump and dance.

动起来的感觉真好！

在室外的感觉也不错。

Moving my body feels good!

It feels good, too, to be outside.

过一会儿，那种让人颤抖的、无力的感觉就会走开，我也会好起来。
我开始笑。笑让我变得开心起来。

After a while, the weak, wobbly feeling goes away

and I feel better. I laugh.

Laughing helps me feel happy.

担心的时候，我知道我会好起来的。

**When I feel worried,
I know I won't stay worried.**

担心的时候，我知道我该做些什么！

When I feel worried, I know what to do!

当担心的情绪发生时，要让孩子保持安心，将注意力转移到周围那些美好事物上。

"我不喜欢想念你的感觉。"亲人与孩子分离的时间不要超过孩子的忍受限度。

要尊重孩子与生俱来的特质，让孩子觉得自己很棒。

"生气表示有些事需要改变，也许就是我。"要管好自己的怒气。

当孩子害怕的时候，大人要帮助他们度过这种情绪。

"难过是一种灰灰的、累累的感觉。"难过会过去的。

"别人比我做得好，我好嫉妒。"每个人都有优点和特点，要向别人学习。

"自己不愿做的事情不要让别人去做。"要养成关心所有人的良好习性。

丛书说明

学会辨识并处理各种情绪——特别是不愉快或害怕的情绪，和学习其他的知识一样重要。在《我的感觉》丛书中，美国著名儿童心理咨询师科尼莉亚·莫德·斯佩尔曼，用简单和抚慰人心的语言，帮助孩子了解与管理自己的感觉，并且让他们懂得以同理心对待别人。

本丛书共八册，以小动物为主角，通过简单的文字，色彩丰富、造型生动的图画，分别探触小孩子的八种感觉：**害怕、难过、喜欢自己、嫉妒、生气、关心别人、想念、担心**等。让读者们透过故事，感受那看似微小，却非常实在的情绪，并且用一些形象的文字，如"难过是一种灰灰的、累累的感觉"等，让这些心情具体化。

丛书特色

1. 由美国专业儿童心理咨询师、教育家、作家科尼莉亚·莫德·斯佩尔曼撰写。该书获国际上多项图书奖，是中国大陆引进的第一套有系统、有理论基础的情绪教育儿童绘本。

2. 温暖的画面，简单而抚慰人心的文字，以故事中孩童的语言，清楚描绘人格教育基础的八种情绪。

3. 在优美动人的故事中，提供每种情绪的来由、感觉及如何自己去处理，引导儿童以简单可行的方法帮助自己。

4. 中英文双语，是幼儿园和小学人格与情绪教育、生命教育课程的最佳辅助教材，非常适合2岁以上儿童与父母、老师共读。